BEI GRIN MACHT SICH IHR WISSEN BEZAHLT

- Wir veröffentlichen Ihre Hausarbeit, Bachelor- und Masterarbeit

- Ihr eigenes eBook und Buch - weltweit in allen wichtigen Shops

- Verdienen Sie an jedem Verkauf

Jetzt bei www.GRIN.com hochladen und kostenlos publizieren

Katharina Rose

"Man ist natürlich niemals man selbst" - Über Gertrude Steins 'Autobiography of Alice B. Toklas'

GRIN Verlag

Bibliografische Information der Deutschen Nationalbibliothek:

Die Deutsche Bibliothek verzeichnet diese Publikation in der Deutschen National-
bibliografie; detaillierte bibliografische Daten sind im Internet über http://dnb.d-
nb.de/ abrufbar.

Impressum:

Copyright © 2007 GRIN Verlag GmbH
Druck und Bindung: Books on Demand GmbH, Norderstedt Germany
ISBN: 978-3-640-29246-2

Dieses Buch bei GRIN:

http://www.grin.com/de/e-book/78435/man-ist-natuerlich-niemals-man-selbst-ueber-
gertrude-steins-autobiography

Universität Leipzig

Institut für klassische Philologie und Komparatistik

Ausarbeitung zum Referat

„Man ist natürlich niemals man selbst"

Gertrude Steins „Autobiography of Alice B. Toklas"

Seminararbeit zu:

Hauptseminar:

Die Inszenierung des Ich: Traditionen und Transformationen der

Autobiographie

Sommersemester 2007

Katharina Rose

Allgemeine und Vergleichende Literaturwissenschaft (MA, NF)

8. Semester

Inhaltsverzeichnis

1. Einführung - Leben und Wirken von Gertrude Stein

"I have lived half my life in Paris, not the half that made me but the half
in which I made what I made."[1]

Gertrude Stein, die als das jüngste von fünf Kindern einer gutbürgerlichen, deutsch-jüdischen Familie am 3.2. 1874 in Allegheny (Pensylvania) geboren wurde, wird auch heute noch gerne als „Die Mutter der Moderne" bezeichnet. Ihre Literatur war blank, assoziativ, abrupt und sie verbannte größtenteils, ähnlich wie James Joyce, die Interpunktion aus ihren Texten, um ihnen so einen eigenen Rhythmus zu geben. Der neue Umgang mit Literatur, mit Sprache, wie sie ihn entwickelte, stieß immer wieder auf heftige Kritik, die erst nach dem Erscheinen der *Autobiography of Alice B. Toklas*, ihrem erfolgreichstem Werk, allmählich nachließ. Ihr wurde unter anderem der Vorwurf gemacht, ihr Werk sei unzugänglich und sie sei unfähig mit dem klassischen Englisch umzugehen.[2]

Die gebürtige Amerikanerin wurde durch Reisen der Eltern seit ihrer frühesten Kindheit mit Europa und insbesondere mit Paris vertraut gemacht, wo Sie mit einigen Unterbrechungen an die vierzig Jahre ihres Lebens verbringen und wo sie ihre Kunst erschaffen sollte. Bevor sie 1903 nach Paris zog, verlebte sie ihre Jugend in Kalifornien, die Sommer größtenteils in Europa und studierte Philosophie, Psychologie und Medizin in Havard und Baltimore. Die Jahre waren vor allem von der engen Bindung an ihren älteren Bruder Leo Stein (1872-1947) geprägt gewesen. Als ihr Bruder 1902 nach Paris ging, folgte sie ihm nach Abbruch ihres Medizinstudiums und zog mit ihm in eine Wohnung in der *Rue du Fleurus*, die später zu einem Treffpunkt der avantgardistischen Künstlerszene werden sollte. Ihr Bruder hatte eine große Vorliebe für die Malerei und legte den Grundstock für die Kunstsammlung in der *Rue du Fleurus*.

---

[1] Vgl. http://www.ellensplace.net/gstein4.html, S.2
[2] Vgl. Brinnin, John Malcolm: „Die dritte Rose. Gertrude Stein und ihre Welt" Frankfurt am Main, 1991, S.55

Im Jahre 1905 macht sie die Bekanntschaft mit Pablo Picasso (1881-1973), mit dem sie eine lebenslange Freundschaft verband und der das Portrait von ihr malte, was berühmt werden sollte. 1907 lernt sie schließlich ihre spätere Lebensgefährtin Alice Babette Toklas (1877-1967) kennen, die 1909 in die Wohnung der *Rue du Fleurus* einzog und mit der sie bis zu ihrem Tode zusammen blieb. Alice B. Toklas war Gertrude Steins Sekretärin, Lektorin, Köchin und Geliebte. Im Selbstverlag erschien im selben Jahr Gertrude Steins erstes Buch *Three Lives* (wenn man von dem posthum veröffentlichten Frühwerk *Q.E.D* absieht). Als es im Jahre 1913 aufgrund von ästhetischen und persönlichen Differenzen zu einem Bruch zwischen Gertrude und Leo Stein kam, wurde die Bildersammlung der beiden Geschwister geteilt, Leo Stein zog aus und Alice B. Toklas übernahm die Oberherrschaft über den Haushalt. Als der erste Weltkrieg ausbrach, verließen Gertrude Stein und Alice B. Toklas zwar für ein Jahr (1915-1916) Frankreich, kehrten aber schnell von ihrem „Exil" auf Mallorca zurück und arbeiteten für den *American Fund for the french wounded*, „ […] eine Organisation, die in ganz Frankreich Medikamente an französische Krankenhäuser verteilte".[3] Nachdem Gertrude Stein Auto fahren gelernt hatte, fuhren sie und ihre Partnerin mit einem Ford Lieferwagen durch Frankreich, um Medikamente auszuliefern und nebenbei verfasste Stein Gedichte über den Krieg. Erst im Jahre 1925 erschien ihr umfangreichstes Werk *The Making of Americans*, welches bereits in den Jahren 1906-08 entstanden war und eine amerikanische Familie über drei Generationen, in der Steins sprachlich eigentümlichen, unkonventionellen Art, portraitiert. 1932 erschien dann die *Autobiography of Alice B. Toklas*, das Buch, welches Stein zum ersten Mal in ihrem Leben Erfolg brachte, das jedoch auch eine lange Schaffenskrise hinter sich her zog. Im Jahre 1946 starb sie in Paris an den Folgen von Magenkrebs. Ihre Lebensgefährtin überlebte sie noch 21 weitere Jahre.

---

[3] Vgl. Souhami, Diana: „Gertrude und Alice/Gertrude Stein und Alice B. Toklas – Zwei Leben eine Biographie", München, 1994, S.159

1.1 Entstehung der „Autobiographie von Alice B. Toklas" und die Reaktionen darauf

„Alles ist eine Autobiographie. Autobiographie ist einfach ob es einem gefällt oder nicht Autobiographie ist einfach für alle und jeden."[4]

Das Gesamtwerk von Gertrude Stein ist von Paradoxien, widersprüchlichen und überraschenden Wendungen, Tautologien und Wiederholungen gekennzeichnet, in dem die *Autobiography of Alice B. Toklas* eine Ausnahme darstellt. Die so genannten „Getrudismen", wie das berühmte Beispiel „ a rose is a rose is a rose" oder andere, wurden völlig aus dem Text heraus gestrichen, so dass die Sätze, zwar größtenteils mit dem Verzicht auf Interpunktion, aber sehr einfach und klar verständlich sind. Jedoch ist der Titel an sich schon ein Paradoxon, da hier behauptet wird es sei eine Autobiographie von Alice B. Toklas, die aber (wie die Leser der Erstauflage erst auf der letzten Seite erfuhren, da auf dem Umschlag die Autorschaft nicht gekennzeichnet war) von Gertrude Stein verfasst wurde. Sie wurde von Gertrude Stein in nur sechs Wochen im Jahre 1932 auf ihrer Sommerresidenz in Bilignin nieder geschrieben, angeblich mit dem Wunsch nach kommerziellem Erfolg. Bis zu diesem Zeitpunkt mussten Gertrude Stein und Alice B. Toklas immer mehr ihrer gesammelten Bilder verkaufen, um finanziell abgesichert zu bleiben. Der Bilderverkauf sollte nun sein Ende finden, denn tatsächlich wurde die *Autobiography* Gertrude Steins erfolgreichstes Werk. Erstmalig erschien das Buch in mehreren Folgen der „Atlantic Monthly", einer amerikanischen Kunst- und Literaturzeitschrift. Bereits neun Tage vor der Veröffentlichung waren die 5400 Exemplare der ersten Auflage ausverkauft und in zwei Jahren wurde die *Autobiography of Alice B. Toklas* insgesamt viermal neu aufgelegt.

Das Buch erhielt größtenteils gute Kritiken, jedoch zeigten sich einige Freunde wie Ernest Hemingway (1899-1961), Georges Braques (1882-1963) oder Henri Matisse

---

[4] Vgl. Michels-Wenz, Ursula: Getrude Stein für Minuten – Ein Lesebuch", Frankfurt am Main, 1996, S. 10

(1869-1954), wegen einiger persönlicher Bemerkungen beleidigt. In der *Autobiography of Alice B. Toklas* wird eine Flut von Personen vorgestellt, von denen die meisten die künstlerischen, avantgardistischen Bewegungen des 20. Jahrhunderts voran trieben und wovon manche nur kurz erwähnt und schnell wieder fallengelassen werden, andere finden durch das ganze Werk hindurch Beachtung, wie beispielsweise Picasso.

In der Autobiographie konnte Gertrude Stein spitzzüngige und doppeldeutige Bemerkungen machen, ohne verantwortlich dafür zu scheinen. Laut der Aussage einiger Bekannter, gelang es Gertrude Stein gut, den Stil und die Stimme von Alice B. Toklas nachzuahmen und sogar einige ihrer engsten Freunde waren anfangs über die Autorschaft verwirrt. Der Erfolg der *Autobiography of Alice B. Toklas* ermöglichte auch Neuauflagen älterer Werke. Laut Gertrude Steins eigener Aussage hatte sie keinen Spaß am Schreiben gehabt und empfand es als unehrlich, da der Grund für die Entstehung der *Autobiography* ein kommerzieller war. Auf den gewünschten Erfolg folgten zunächst Selbstzweifel und eine längere Schaffenskrise. Eine Art Nachfolge der *Autobiography of Alice B. Toklas* entstand 1937 mit dem Werk *Everybodies Autobiography*. Ein Wunsch von ihr war es die *Autobiography of Alice B. Toklas* von Thornton Wilder verfilmen zu lassen, was jedoch nicht realisiert wurde.

2. Die *Autobiography of Alice B. Toklas* - Aufbau, Erzählperspektive, Erzählzeit

„Es ist auf völlig natürliche Weise eine selbstverständliche Sache geworden dass die erzählende Literatur von heute nicht ein Erzählen in Aufeinanderfolge ist wie es die ganze Literatur seit vielen Hunderten von Jahren gewesen ist."[5]

Die *Autobiography of Alice B. Toklas* ist in die sieben Kapitel „Ehe ich nach Paris kam", „Meine Ankunft in Paris", „Gertrude Stein in Paris, 1903-1907", „Gertrude Stein, ehe sie nach Paris kam", „ Die Jahre 1907-1914", „Der Krieg" und „Nach dem Krieg: 1919 bis 1932" untergliedert. Auf den ersten Blick wirkt diese Gliederung sehr chronologisch, was sie im Einzelnen jedoch nicht ist. In den ersten beiden Kapiteln wird Alice B. Toklas' Leben von der Geburt, im Jahre 1877, bis zu der Begegnung mit Gertrude Stein, im Jahre 1907, erzählt. Parallel, in umgekehrter Reihenfolge dazu wird in dem dritten und vierten Kapitel von Gertrude Steins Leben, von ihrer Geburt bis zur Begegnung mit Alice B. Toklas, berichtet. Eine erste Vermischung der Gattungen Autobiographie und Biographie wird für den Leser bereits in den ersten vier Kapiteln erkennbar, da neben dem „Ich" der Autobiographie (hier: Alice B.Toklas) noch eine andere Person eingeführt wird (hier: Gertrude Stein) und die Schilderungen über Gertrude Stein sogar ausführlicher sind, als über Alice B. Toklas.

Die letzten drei Kapitel folgen einer scheinbaren Chronologie der gemeinsamen Zeit, von dem Beginn des gemeinsamen Lebens, über die Kriegzeit und Immigration, bis hin zu der Zeit nach dem Krieg und somit bis zum Jahr der Niederschrift der *Autobiography*. Jedoch gibt es in jedem einzelnen Kapitel immer wieder große Zeitsprünge und im Vordergrund der Betrachtung steht hauptsächlich Gertrude Stein, als Mittelpunkt des avantgardistischen Künstlerkreises. Die Kapitelgliederung erinnert an die Gliederung des *Ulysses* (1922) von James Joyce (1882-1941). Darin wird ebenfalls in den ersten Kapiteln parallel, in umgekehrter Reihenfolge von zwei Personen erzählt.

---

[5] Vgl. Michels-Wenz, Ursula: Getrude Stein für Minuten – Ein Lesebuch", Frankfurt am Main, 1996, S.65

Die ersten drei Kapitel des *Ulysses* berichtet von dem Protagonisten Stephen, die drei darauf folgenden Kapitel von der „[…] Hauptfigur Bloom und in den anschließenden Kapiteln wechseln sich die beiden Bezugspersonen ab, bevor die zwei schließlich zusammengeführt werden"[6].

Der Stil in der *Autobiography of Alice B. Toklas* ist von einer geschwätzigen, lakonischen und zu Wiederholungen neigenden Art, die an mündliches Erzählen erinnert. Alice B. Toklas wiederholt viele Episoden, kommt in der Zeit durcheinander und hangelt sich an Personen entlang.

Die Multiperspektivität[7] des Textes kommt vor allem durch die außergewöhnliche Erzählperspektive der Alice B. Toklas als Vermittlerin zwischen Gertrude Stein und dem Leser zustande. Tatsächlich fungierte Alice B. Toklas auch in der Realität als Vermittlerin, da sie die einzige war, die Gertrude Steins Handschrift entziffern konnte und die Rolle ihrer Verlegerin angenommen hatte. Selbst für Freunde von Gertrude Stein und Alice B. Toklas war es angeblich schwierig die Erzählperspektive in der *Autobiography* klar auszumachen. Tatsächlich kann der Leser nicht immer eindeutig zwischen „Ich" und „Sie" trennen. Zwischen „Alice" und „Gertrude" kommt es beständig zu einem Perspektivwechsel, welcher sicherlich auch deshalb funktioniert hat, weil die realen Personen sich so nahe gestanden haben. Ein wenig ist die *Autobiography of Alice B. Toklas* auch die Autobiographie des gemeinsamen Lebens und darüber hinaus ein Portrait sehr vieler Personen in deren Mittelpunkt sich Gertrude Stein bewusst hinein gestellt hat. Die Subjekte Gertrude Stein und Alice B. Toklas sind im Text trotz der manchmal verwirrenden Perspektivwechsel, eindeutig voneinander getrennt und die häufigen Wechsel zwischen den beiden Subjekten sollten nicht fälschlicherweise als eine Art „Schizophrenie" Gertrude Steins interpretiert werden, in dem Sinne, dass sie ihre eigene Person nicht mehr von ihrer Lebensgefährtin unterscheiden könne. Stattdessen ist davon auszugehen, dass die Perspektivenwechsel und Sprecherkonstellationen ganz bewusst von Gertrude Stein ausgewählt wurden.

---

[6] Vgl. Goer, Charis: Gertrice/Altrude oder: Ich ist eine andere. (Auto-)Biographik in Gertrude Steins „Autobioghaphy of Alice B. Toklas". In: Orbis Literarum. 2003; 58(2); S. 105
[7] Vgl. http://iasl.uni-muenchen.de/, Roder, Carolin: Widergänger, Grenzgänger und (Auto-)biographische Geister, Rezension der Dissertation von Volkening, Heide: Am Rand der Autobiographie. Ghostwriting - Signatur - Geschlecht. Bielefeld , 2006

Ausgehend von Carolyn Barros können fünf unterschiedliche Sprecherkonstellationen[8] in der *Autobiography* konstatiert werden:

1. „Gertrude Stein/Alice": die Ich-Erzählerin („Während meiner Kindheit und Jugend habe ich das behütete Dasein meines Standes und meiner Umgebung geführt."[9]).

2. „Gertrude Stein/Alice-Alice": die Ich-Erzählerin, die Alice zitiert („Hausfraulich, sagte ich, und das machte ihr Spaß"[10]).

3. „Gertrude Stein/Alice-Gertrude": die Ich-Erzählerin, die Gertrude zitiert („Schließlich hörte ich, wie sie [Gertrude] sagte, ach, Hemingway, trotz alledem sind Sie neunzig Prozent Rotarier."[11]).

4. „Gertrude Stein/Alice-Someone Else": die Ich-Erzählerin, die jemanden anderes zitiert („Matisse lachte und sagte, ja, ich weiß, Miß Gertrude, die Welt ist für sie eine Bühne […]"[12]).

5. „Gertrude Stein/Alice-Gertrude/Someone Else": die Ich-Erzählerin, die Gertrude zitiert, wie sie jemanden anderes zitiert („Er [Picasso] sagt, sagt sie [Gertrude], dass ich nicht so aussehe, weil ich mehr Mut habe, doch ich glaube nicht, dass ich unglücklich bin, nein, ich glaubs nicht, dass ich's bin."[13]).

Die Absage an die herkömmliche Erzählform der Autobiographie wird noch durch die Erzählzeit des ununterbrochenen Präsens unterstützt. Das von Goer bezeichnete „continuous present" macht auch die assoziativen Sprünge in der Zeit möglich. Hierbei werden zeitliche Zusammenhänge von Vorher und Nachher, und Kausalitäten von Ursache und Wirkung bewusst aufgelöst.

---

[8] Vgl. Carolyn A. Barros, »Getting Modern. *The Autobiography of Alice B. Toklas*«, in: *Biography*, 1999, S. 179
[9] Vgl. Stein, Gertrude: Autobiographie von Alice B. Toklas. Leipzig und Weimar, 1981, S.7
[10] Vgl. Ebd., S. 18
[11] Vgl. Ebd., S. 241
[12] Vgl. Ebd., S. 19
[13] Vgl. Ebd., S. 92

2.2 Fiktionalität

„Das einzige was Identität möglich macht ist keine Veränderung aber
nichtsdestoweniger gibt es keine Identität niemand glaubt wirklich genau der zu sein an
den er sich erinnert"[14]

Das Erzählermodell der *Autobiography of Alice B. Toklas,* „Ich als eine Andere",
problematisiert insbesondere die Frage nach der Identität und Fiktionalität eines
autobiographischen Textes. Mit dem autobiographischen Schreiben geht immer die
Beschäftigung mit der eigenen Vergangenheit einher und lässt auch die Frage
aufkommen, welche bedeutungs- bzw. realitätsverändernde Funktion die eigene
Erinnerung hat. Da das erzählende Ich und das erlebende Ich aufgrund der zeitlichen
Differenz nicht mehr identisch sind, könnte die Vermutung entstehen, dass das eigene
Erinnern im Grunde eine Fiktion ist, da man nicht alles so erinnern kann, wie es
wirklich war und im Erinnern gewissermaßen die Geschehnisse „konstruiert" werden.
Natürlich wirft das auch die Frage auf, ob jemand überhaupt sagen kann, wie etwas
wirklich war.

Die Aussage Gertrude Steins „Man ist natürlich niemals man selbst" lässt die
Einstellung vermuten, dass ein Subjekt (in Anlehnung an die Erkenntnisse der
amerikanischen Soziologie) immer von anderen konstituiert wird und eher ein Produkt
der Rollen ist, welche die Gesellschaft für es bereithält. Mit Hilfe der Mitmenschen
kann das Subjekt sich selbst begreifen. Indem Gertrude Stein als Autorin die Erzählerin
Alice B. Toklas konstruiert, welche wiederum die Funktion besitzt Gertrude Stein auf
der textimanenten Ebene zu konstruieren, wird die Problematisierung der Ich-Identität
auf die Spitze getrieben. Es kommt zu einem Kunstgriff, den man bisher nicht in dieser
Form in der Gattung Autobiographie vorgefunden hat – die Einführung einer fiktionalen
Erzählerfigur. Gertrude Stein selbst vergleicht die *Autobiography* mit einem fiktionalem
Werk: „Ich werde sie [die *Autobiography*] so einfach abfassen wie Defoe, als er die
Autobiographie Robinson Crusoes schrieb."[15]

---

[14] Vgl. Michels-Wenz, Ursula: Getrude Stein für Minuten – Ein Lesebuch", Frankfurt am Main, 1996, S.18
[15] Vgl. Stein, Gertrude: Autobiographie von Alice B. Toklas. Leipzig und Weimar, 1981

Der Entwurf einer anderen als die identische Existenz zeigt zudem den Bezug auf die reine Präsenz, statt die Rekonstruktion einer Identität. Von diesem Gesichtspunkt aus, ist die *Autobiography* als ein ästhetischer Text zu verstehen, dessen Form wichtiger ist als der Inhalt, da in ihr die Problematisierung der Identität zum Ausdruck kommt. In ihr kommen das Spiel und das Spannungsverhältnis zwischen Realität und Fiktion zum Ausdruck, in welchem sich das Subjekt bei der Selbstbetrachtung befindet. Insofern kann man von Gertrude Steins *Autobiography* nicht unbedingt von einer fiktionalen Biographie, sondern stattdessen eher von einer fiktionalisierten Biographie oder autobiographische Fiktion[16] sprechen. Diese zeichnet sich dadurch aus, dass sie weder auf fiktionale Elemente, noch auf eine autobiographische Wirklichkeit vollständig verzichtet, sondern vielmehr beides miteinander in Verbindung bringt. Hierbei lässt sich die historische Authentizität jedoch nicht unbedingt klar von der Fiktionalität trennen. Die Literarisierung, die Übernahme und Variation fiktionaler Darstellungsformen, kann neben der Fiktionalisierung seit dem 18. Jahrhundert als eines der Hauptmerkmale in der Entwicklung der Autobiographie festgestellt werden. Bei der Literarisierung wird die historische Zeit automatisch einer Transformation unterzogen.

Für Gertrude Stein bestand ein Unterschied zwischen *identity*, der Identität, die abhängig von der Zeit und dem Kontext existiere und *entity*, das Dasein, welches zeit- und kontextunabhängig sei. Die Fiktionalisierung und die Literarisierung tragen somit in Gertrude Steins *Autobiography* insbesondere dazu bei, die Identitätsproblematik zu thematisieren.

---

[16] Holdenried, Michaela: Autobiographie. Stuttgart 2000

3. Versuch einer Gattungseinordnung

„Es war ein mal, daß ich mir selbst begegnete und weglief." [17]

Kann man die *Autobiography of Alice B. Toklas* überhaupt in die Gattung der Autobiographie einordnen? Nach den Kriterien Philippe Lejeunes (*1938) sollte die Autobiographie, gattungstheoretisch eingeordnet, eine „[...] rückblickende Prosaerzählung einer tatsächlichen Person über ihre eigene Existenz [...]" sein, in welcher „[...] sie den Nachdruck auf ihr persönliches Leben und insbesondere auf die Geschichte ihrer Persönlichkeit legt." [18]

Die *Autobiography* sprengt diese Definition aus mehreren Gründen. Erstens ist sie in einer ungewöhnlichen, nicht rückblickenden Prosa geschrieben, welche durch die fehlende Interpunktion und das „continiuos present" eine diskontinuierliche Zeitstruktur provoziert. Zweitens steht nicht das individuelle Leben Gertrude Steins oder Alice B. Toklas' und die Geschichte ihrer Persönlichkeit(en) im Mittelpunkt, sondern der gesamte Künstlerkreis mit dem sie in Berührung gekommen sind. Zusätzlich besteht der so genannte „Autobiographische Pakt", die Identität zwischen Autor, Erzähler und Hauptfigur, in der *Autobiography of Alice B. Toklas* nicht. Gertrude Stein ist die Autorin und Alice B. Toklas die Erzählerin, die Hauptfigur ist aber wiederum Gertrude Stein.

Die Gattung der Autobiographie zeichnet sich im Allgemeinen durch eine generelle Affinität zu den Gattungen Roman, Biographie und Memoiren aus. Gattungsintern lässt sie sich abgrenzen von einer rein fiktionalen Gattung. Sie zeichnet sich außerdem durch ihre strukturelle Offenheit zum Ende hin und durch ihre lebensgeschichtliche Rundung aus.

---

[17] Getrude Stein, siehe http://www.soundslikepoetry.de/gertrudestein.htm
[18] Lejeune, Philippe: Der Autobiographische Pakt. Frankfurt am Main, 1994, S. 14

12

Im Gegensatz zu den Memoiren, die vor allem eine Selbstdarstellungsform von Personen des öffentlichen Lebens (mit Ausnahme der Schriftsteller) war, bot die Autobiographie meist eine Möglichkeit für die Schriftsteller die Genese ihres Berufswunsches darzustellen.

Ein Wechselverhältnis von Memoiren und Autobiographien führte schließlich zu einer Verschiebung dieser Funktionen. Danach übernehmen die Memoiren immer mehr die klassischen Aufgaben der Autobiographie.

Die *Autobiography of Alice B. Toklas* kann als eine Art Vexierspiel mit den Genres der Biographie, Autobiographie und Memoiren verstanden werden[19].

---

[19] Holdenried, Michaela: Autobiographie. Stuttgart 2000

4. Schluss - Vergleich mit anderen Autobiographien

„Wenn ich ich bin bin ich dann ich."[20]

Die Gattung der Autobiographie ist im Allgemeinen dadurch charakterisiert, dass sie einen außerliterarischen Wahrheitswert besitzt. Deshalb ist das entscheidende Merkmal, welches die *Autobiography of Alice B. Toklas* von den anderen im Seminar behandelten Autobiographien unterscheidet, ihr fiktionaler Charakter. Der Wahrheitsanspruch, der beispielsweise in der Autobiographie von Jean-Jacques Rousseau (1712-1781) zu finden ist, wird in der *Autobiography* durch eine künstlerische Authentizität ersetzt. Es werden Anekdoten anstelle von Bekenntnissen und Details aus dem persönlichen Leben geschildert. Auch finden wir keinen religiösen Aspekt in der *Autobiography*, wie bei Augustinus von Hippo (354-430). Die Tendenz zur Fiktionalität ist bereits in Johann Wolfgang von Goethes (1710-82) Autobiographie „Dichtung und Wahrheit", durch die Einführung des „erzählten Ichs" in der 3. Person Singular und der Bezeichnung „Der Knabe", zu erkennen. Das Subjekt, welches bisher im Mittelpunkt der autobiographischen Betrachtung stand, welches auch im Spiegelstadium von Jacques Lacan (1901-1981, Psychoanalytiker) gemeint ist, wurde hier ersetzt durch ein anderes „Ich", was die Funktion der Distanznahme und Objektivierung erfüllt.

Wenn wir festgestellt haben, dass das Subjekt Rousseaus von der Gesellschaft destruiert und sich bei Goethe mit Hilfe der Gesellschaft konstruiert, dann könnte man über das Subjekt von Gertrude Stein sagen, dass es eine Gesellschaft (hier jedoch beschränkt auf die Künstlergesellschaft) und sie selbst konstruiert. In der *Autobiography* wird das Bild von Gertrude Stein als Mittelpunkt der avantgardistischen Künstlergruppe in Paris durchgehend gefestigt. In einem kritischen Aufsatz von Helga Lénárt-Cheng[21] wird die *Autobiography of Alice B. Toklas* als eine große Marketing-Strategie und *Self-Promotion* verhandelt.

---

[20] Vgl. Michels-Wenz, Ursula: Getrude Stein für Minuten – Ein Lesebuch", Frankfurt am Main, 1996, S.25
[21] Lénárt-Cheng, Helga: Autobiography as advertisement. Why do Gertrude Stein´s sentences get under our skin? In: New Literary History. 2003; 34(1); S. 117-131

Dabei wird Gertrude Stein der Vorwurf gemacht sie gaukele dem Leser bloß vor, dass es gar nicht explizit um sie selbst gehe, in Wirklichkeit jedoch seien die Beschreibungen des Pariser Umfelds nur Dekoration, um vor allem Steins künstlerisches Schaffen zu präsentieren. Sie habe die *Autobiography* geschrieben, um Werbung für ihre Texte zu machen und ihr öffentliches Image zurechtzurücken. Zudem sei die Perspektive von ihrer Lebensgefährtin sehr geeignet, um sich selbst zu loben und die untypischen, ständigen Wiederholungen des Vor – und Nachnamens von Gertrude Stein wirken dabei wie eine Art Hypnose.

Strukturell findet der Leser keine dramatische Zuspitzung, stattdessen ein sehr handlungsbezogenes „Personenwirrwarr". Es findet keine Darstellung der Innerlichkeit statt, vielmehr wird ein enger Kontext von Personen in ihrem Verhältnis zueinander und zur Kunst thematisiert. Es werden daher auch keine allgemeingültigen Bemerkungen oder Erkenntnisse zu der Zeit, wie bei Goethe, oder psychologische bzw. philosophische Schlussfolgerungen, wie beispielsweise bei Rousseau dargeboten. Gertrude Steins Literatur markiert möglicherweise den Beginn der Moderne, auf jeden Fall hat sie eine ganz neue Art der Autobiographie erschaffen.

5. Bibliographie

Primärliteratur

1. Stein, Gertrude: Autobiographie von Alice B. Toklas. Leipzig und Weimar, 1981

2. Holdenried, Michaela: Autobiographie. Stuttgart, 2000, S. 28-45, 226-233

3. Goer, Charis: Gertrice/Altrude oder: Ich ist eine andere. (Auto-)Biographik in Gertrude Steins „Autobiogaphy of Alice B. Toklas". In: Orbis Literarum. 2003; 58(2); S. 101-115

Sekundärliteratur

1. Brinnin, John Malcolm: Die dritte Rose. Gertrude Stein und ihre Welt. Suhrkamp Taschenbuch, Frankfurt am Main, 1991

2. Esdale, Logan: Gertrude Stein, Laura Riding and the Space of Letters. In: Journal of Modern Literature. 2006; 29(4); S. 99-123

3. Goble, Mark: Cameo Appearances. Or, When Gertrude Stein checks into Grand Hotel. In: Modern Language Quarterly. 2001; 62(2); S. 117-163

4. Hilmes, Carola: Das inventarische und das inventorische Ich: Grenzfälle des Autobiographischen. Heidelberg, 2000

5. Lénárt-Cheng, Helga: Autobiography as advertisement. Why do Gertrude Stein´s sentences get under our skin? In: New Literary History. 2003; 34(1); S. 117-131

6. Michels-Wenz, Ursula: Gertrude Stein für Minuten. Ein Lesebuch. Suhrkamp Taschenbuch, Frankfurt am Main, 1996

7. Schoenbach, Lisi: ‚Peaceful and Exciting'. Habit, Shock and Gertrude Stein´s Pragmatic Modernism. In: Modernism/Modernity. 2004; 11(2); S. 239-259

8. Souhami, Diana: Gertrude und Alice/Gertrude Stein und Alice B. Toklas – Zwei Leben eine Biographie. München, 1994

Internetquellen

1. http://www.ellensplace.net/gstein3.html

2. http://www.dradio.de/dkultur/sendungen/kritik/524370/

3. http://www.stuttgarter-schule.de/stein_skinner.htm

4. http://www.blackwell-synergy.com/doi/pdf/10.1034/j.1600-0730.2003.580202.x

5. http://www.soundslikepoetry.de/gertrudestein.htm

6. http://www.hf.uib.no/nordforsk/pdf/knoll_bericht.pdf

.